# The Winter Adventures of Koen and Sophie and Other Stories: Bilingual Dutch-English Stories for Children

Coledown Bilingual Books

Published by Coledown Bilingual Books, 2023.

While every precaution has been taken in the preparation of this book, the publisher assumes no responsibility for errors or omissions, or for damages resulting from the use of the information contained herein.

THE WINTER ADVENTURES OF KOEN AND SOPHIE AND OTHER STORIES: BILINGUAL DUTCH-ENGLISH STORIES FOR CHILDREN

**First edition. September 11, 2023.**

Copyright © 2023 Coledown Bilingual Books.

ISBN: 979-8223651277

Written by Coledown Bilingual Books.

# Table of Contents

# Een Magische Winterdag in Nederland

Er was eens een koud en helder winterse ochtend in Nederland. De lucht was gevuld met de zoete geur van verse sneeuw, en de grond was bedekt met een glinsterend witte deken. Kinderen renden door de straten, lachend en genietend van de betoverende winterpracht.

In een klein dorpje aan de rand van een bevroren meer woonde een nieuwsgierig meisje genaamd Emma. Emma hield van de winter en wachtte al wekenlang op de eerste sneeuwvlokken. Ze droomde ervan om iets magisch te beleven, iets dat alleen in de winter kon gebeuren.

Die ochtend besloot Emma een wandeling te maken langs het bevroren meer. Ze trok haar warme jas, handschoenen en muts aan en stapte naar buiten. Terwijl ze over het glinsterende ijs liep, hoorde ze een zacht geluid dat klonk als belletjes. Ze keek om zich heen en zag plotseling een groepje vrolijke elfjes met glinsterende vleugels.

De elfjes dansten op het ijs en lachten terwijl ze rondvlogen. Emma kon haar ogen niet geloven! Ze rende naar de elfjes toe en vroeg: "Wie zijn jullie en waarom zijn jullie hier?"

Eén van de elfjes glimlachte en antwoordde, "Wij zijn de Winterelfjes, en we brengen de magie van de winter naar de wereld. Vandaag hebben we besloten om je een speciaal geschenk te geven, omdat je zo van de winter houdt."

De elfjes namen Emma mee op een betoverende reis door het winterlandschap. Ze lieten haar de mooiste ijskristallen zien die aan de takken van de bomen hingen, en ze speelden een spelletje ijs-hockey op het meer. Emma voelde zich zo gelukkig en bijzonder, alsof ze in een sprookje was beland.

Toen de zon langzaam onderging, namen de elfjes afscheid van Emma en beloofden ze volgend jaar terug te komen. Emma keerde terug naar huis met een hart vol vreugde en een mooie herinnering aan de magische winterdag die ze had beleefd.

En zo eindigde het verhaal van Emma, een meisje dat de betovering van de winter in Nederland had ontdekt, dankzij de vriendelijke Winterelfjes. Vanaf die dag wist Emma dat de winter de meest magische tijd van het jaar was, en ze kon niet wachten om volgend jaar weer van al zijn wonderen te genieten.

# A Magical Winter Day in the Netherlands

Once upon a time, on a cold and crisp winter morning in the Netherlands, the air was filled with the sweet scent of fresh snow, and the ground was covered in a sparkling white blanket. Children ran through the streets, laughing and enjoying the enchanting winter beauty.

In a small village on the edge of a frozen lake lived a curious girl named Emma. Emma loved winter and had been waiting for weeks for the first snowflakes to fall. She dreamed of experiencing something magical, something that could only happen in the winter.

That morning, Emma decided to take a walk along the frozen lake. She put on her warm coat, gloves, and hat and stepped outside. As she walked on the glistening ice, she heard a soft sound like tinkling bells. She looked around and suddenly saw a group of cheerful elves with sparkling wings.

The elves danced on the ice and laughed as they flew around. Emma couldn't believe her eyes! She ran toward the elves and asked, "Who are you, and why are you here?"

One of the elves smiled and replied, "We are the Winter Elves, and we bring the magic of winter to the world. Today, we have decided to give you a special gift because you love winter so much."

The elves took Emma on an enchanting journey through the winter landscape. They showed her the most beautiful ice crystals hanging from the branches of the trees, and they played a game of ice hockey on the lake. Emma felt so happy and special, as if she had stepped into a fairy tale.

As the sun slowly set, the elves bid farewell to Emma and promised to come back next year. Emma returned home with a heart full of joy and a beautiful memory of the magical winter day she had experienced.

And so, the story of Emma, a girl who discovered the enchantment of winter in the Netherlands, came to an end, thanks to the kind Winter Elves. From that day on, Emma knew that winter was the most magical time of the year, and she couldn't wait to enjoy all its wonders again next year.

# De Avonturen van IJsbeer Pim in Nederland

Er was eens een lieve ijsbeer genaamd Pim. Pim woonde in het verre noorden, waar de winter altijd heerlijk koud en wit was. Maar dit jaar besloot Pim iets nieuws te proberen. Hij wilde de winter in Nederland beleven, waar hij hoorde dat het net zo magisch kon zijn.

Met zijn dikke vacht en gezellige muts vertrok Pim naar Nederland. Hij stapte uit de trein en voelde meteen de koude Nederlandse wind door zijn vacht waaien. Pim was opgewonden! Hij keek om zich heen en zag kinderen die op hun schaatsen op een bevroren vijver gleden.

Pim wilde ook leren schaatsen, dus vroeg hij de vriendelijke kinderen om hulp. Ze lachten en hielpen hem schaatsen aan te trekken. Pim was een beetje wankel in het begin, maar hij bleef oefenen. Na een tijdje schaatste hij als een professional over het ijs, lachend en genietend van de wind in zijn vacht.

Terwijl Pim door Nederland reisde, ontdekte hij nog meer winterse avonturen. Hij bouwde een prachtige sneeuwpop in de tuin van een vriendelijke familie en maakte een spannende rit op een slee met een groep vrolijke kinderen.

Op een dag hoorde Pim over het Nederlandse Winterfeest, een groot feest dat werd gevierd met vuurwerk en warme chocolademelk. Hij besloot om ook deel te nemen aan het feest en ontmoette veel nieuwe vrienden. Ze deelden verhalen, lachten en genoten samen van de winterpret.

Maar na een tijdje begon Pim zijn vrienden uit het noorden te missen. Hij besefte dat hoewel de Nederlandse winter geweldig was, er geen plek was zoals thuis. Met een warm hart en een koffer vol mooie herinneringen nam Pim afscheid van zijn nieuwe vrienden en keerde terug naar zijn vertrouwde ijskoude thuis.

Terug in het noorden besefte Pim dat hij altijd de warmte van vriendschap kon vinden, waar hij ook ging. En zo eindigde het avontuur van IJsbeer Pim in Nederland, met een hart vol liefde voor de winter en de vriendschap die hij overal ter wereld had gevonden.

# The Adventures of Polar Bear Pim in the Netherlands

Once upon a time, there was a friendly polar bear named Pim. Pim lived in the far north, where winter was always wonderfully cold and white. But this year, Pim decided to try something new. He wanted to experience winter in the Netherlands, where he had heard it could be just as magical.

With his thick fur and cozy hat, Pim set off for the Netherlands. He stepped off the train and immediately felt the chilly Dutch wind rustling through his fur. Pim was excited! He looked around and saw children gliding on their skates on a frozen pond.

Pim wanted to learn to skate too, so he asked the friendly children for help. They laughed and helped him put on skates. Pim was a little wobbly at first, but he kept practicing. After a while, he was skating on the ice like a pro, laughing and enjoying the wind in his fur.

As Pim traveled through the Netherlands, he discovered even more winter adventures. He built a beautiful snowman in the garden of a kind family and went on an exciting sleigh ride with a group of cheerful children.

One day, Pim heard about the Dutch Winter Festival, a grand celebration with fireworks and hot chocolate. He decided to join the festivities and made many new friends. They shared stories, laughed, and enjoyed winter fun together.

But after a while, Pim began to miss his friends from the north. He realized that while the Dutch winter was fantastic, there was no place like home. With a warm heart and a suitcase full of beautiful memories, Pim said goodbye to his new friends and returned to his familiar icy home.

Back in the north, Pim realized that he could always find the warmth of friendship wherever he went. And so, the adventure of Polar Bear Pim in the Netherlands came to an end, with a heart full of love for winter and the friendships he had found all around the world.

# De Magische Sneeuwvlok en de Avonturen van Lotte en Luuk

Op een koude winterochtend in Nederland werden Lotte en Luuk wakker en ontdekten dat hun wereld was bedekt met een dikke laag sneeuw. Ze sprongen meteen uit bed en trokken hun warme jassen, wanten en sjaals aan. Het was tijd om te spelen!

De twee vrienden renden naar buiten en begonnen sneeuwballen te gooien en een prachtige sneeuwpop te bouwen. Maar Lotte en Luuk wisten niet dat er iets heel bijzonders zou gebeuren die dag.

Terwijl ze sneeuwballen naar elkaar gooiden, merkte Lotte een glinsterende sneeuwvlok op die anders was dan alle andere. Ze boog zich voorzichtig naar beneden en ving de sneeuwvlok in haar hand. Het voelde warm en magisch aan.

De sneeuwvlok begon te gloeien en plotseling sprong Lotte in de lucht en zweefde ze boven de grond. Luuk keek met grote ogen toe terwijl zijn vriendin door de lucht danste.

Lotte riep naar Luuk, "Luuk, vang de sneeuwvlok en kom met me mee!" Luuk raapte snel de glinsterende sneeuwvlok op en hij zweefde ook de lucht in. Samen vlogen ze hoog boven de besneeuwde velden van Nederland.

Ze ontmoetten vriendelijke vogels die hen de weg wezen naar een geheime ijskasteel in het midden van een betoverend woud.

Daar ontmoetten ze de Sneeuwkoningin, een prachtige vrouw met een kroon van ijs. Ze vertelde Lotte en Luuk dat ze de sneeuwvlok hadden gekozen om hen een onvergetelijk avontuur te geven.

De Sneeuwkoningin liet hen ijsroetsjen van de hoogste bergen, dansen met ijsberen en zelfs sterren uit de nachtelijke hemel plukken. Lotte en Luuk lachten en genoten van elk moment van hun avontuur.

Maar toen de dag ten einde liep, wist de Sneeuwkoningin dat het tijd was voor Lotte en Luuk om naar huis terug te keren. Ze gaf hen een magische sneeuwvlok om mee te nemen, zodat ze altijd zouden onthouden hoe bijzonder die dag was.

Met een zachte bries bracht de sneeuwvlok Lotte en Luuk veilig terug naar hun eigen tuin. Ze keken elkaar met een glimlach aan en wisten dat ze een magische winterdag hadden beleefd die ze nooit zouden vergeten.

En zo eindigde het verhaal van Lotte en Luuk, die een magische sneeuwvlok ontdekten en een dag vol avonturen beleefden in het betoverende winterlandschap van Nederland.

# The Magical Snowflake and the Adventures of Lotte and Luuk

On a cold winter morning in the Netherlands, Lotte and Luuk woke up to discover that their world was covered in a thick layer of snow. They jumped out of bed and put on their warm coats, mittens, and scarves. It was time to play!

The two friends rushed outside and started throwing snowballs and building a beautiful snowman. But Lotte and Luuk had no idea that something very special was about to happen that day.

As they threw snowballs at each other, Lotte noticed a sparkling snowflake that was different from all the others. She bent down carefully and caught the snowflake in her hand. It felt warm and magical.

The snowflake began to glow, and suddenly Lotte leaped into the air and floated above the ground. Luuk watched in amazement as his friend danced through the air.

Lotte called out to Luuk, "Luuk, catch the snowflake and come with me!" Luuk quickly picked up the glittering snowflake, and he too floated into the air. Together, they soared high above the snowy fields of the Netherlands.

They met friendly birds who guided them to a secret ice castle in the middle of an enchanting forest. There, they met the Snow Queen, a beautiful woman with a crown made of ice. She told

Lotte and Luuk that they had been chosen by the snowflake to give them an unforgettable adventure.

The Snow Queen allowed them to ice slide down the tallest mountains, dance with polar bears, and even pluck stars from the nighttime sky. Lotte and Luuk laughed and enjoyed every moment of their adventure.

But as the day drew to a close, the Snow Queen knew it was time for Lotte and Luuk to return home. She gave them a magical snowflake to take with them, so they would always remember how special that day had been.

With a gentle breeze, the snowflake safely brought Lotte and Luuk back to their own backyard. They looked at each other with smiles and knew they had experienced a magical winter day they would never forget.

And so ended the story of Lotte and Luuk, who discovered a magical snowflake and had a day filled with adventures in the enchanting winter landscape of the Netherlands.

# De Winteravonturen van Koen en Sophie

Op een koude winterochtend in Nederland werden Koen en Sophie wakker en keken uit het raam. De wereld buiten was bedekt met een dikke laag sneeuw, en de bomen glinsterden als zilver in de ochtendzon. Koen en Sophie glimlachten van oor tot oor, want ze wisten dat het een dag vol winteravonturen zou worden.

Snel kleedden ze zich warm aan met dikke jassen, sjaals en wanten. Toen gingen ze naar buiten om te spelen. Ze rolden een grote sneeuwbal en begonnen aan een sneeuwpop te bouwen. Met veel gelach en geklieder maakten ze de grappigste sneeuwpop ooit, compleet met een wortelneus en een oude hoed.

Toen de sneeuwpop klaar was, besloten Koen en Sophie een spannend sneeuwballengevecht te houden. Ze renden door de besneeuwde straten en verstopten zich achter bomen en struiken, terwijl ze sneeuwballen naar elkaar gooiden. Het was een episch gevecht vol plezier en lachen.

Na het sneeuwballengevecht begonnen Koen en Sophie een sleetocht te maken op de heuvel achter hun huis. Ze klommen naar boven, gingen op hun sleeën zitten en zoefden naar beneden met de wind in hun haren. Het voelde alsof ze vlogen!

Terwijl ze aan het sleeën waren, zagen ze een groepje vogels die zich hadden verzameld in de bomen. Koen en Sophie vonden het zo bijzonder dat de vogels ook van de winter genoten.

Na een dag vol plezier en avontuur keerden Koen en Sophie terug naar huis, waar warme chocolademelk op hen wachtte. Ze zaten bij de open haard en vertelden elkaar verhalen over hun winteravonturen terwijl ze genoten van hun chocolademelk en koekjes.

Die nacht vielen Koen en Sophie gelukkig en tevreden in slaap, wetende dat de winter de meest magische tijd van het jaar was, vooral wanneer ze samen konden spelen in de betoverende sneeuw van Nederland.

En zo eindigde het verhaal van Koen en Sophie, die een onvergetelijke winterdag beleefden vol plezier en vriendschap in Nederland.

# The Winter Adventures of Koen and Sophie

On a cold winter morning in the Netherlands, Koen and Sophie woke up and looked out the window. The world outside was covered in a thick blanket of snow, and the trees sparkled like silver in the morning sun. Koen and Sophie smiled from ear to ear because they knew it would be a day filled with winter adventures.

They quickly bundled up in thick coats, scarves, and mittens. Then they went outside to play. They rolled a big snowball and began building a snowman. With lots of laughter and messy fun, they created the funniest snowman ever, complete with a carrot nose and an old hat.

When the snowman was ready, Koen and Sophie decided to have an exciting snowball fight. They ran through the snowy streets, hiding behind trees and bushes, throwing snowballs at each other. It was an epic battle filled with fun and laughter.

After the snowball fight, Koen and Sophie went sledding on the hill behind their house. They climbed to the top, sat on their sleds, and zoomed down with the wind in their hair. It felt like they were flying!

While they were sledding, they saw a group of birds gathered in the trees. Koen and Sophie found it so special that the birds were also enjoying the winter.

After a day filled with fun and adventure, Koen and Sophie returned home, where hot chocolate awaited them. They sat by the fireplace, sharing stories of their winter adventures as they enjoyed their hot chocolate and cookies.

That night, Koen and Sophie fell asleep happily and content, knowing that winter was the most magical time of the year, especially when they could play together in the enchanting snow of the Netherlands.

And so ended the story of Koen and Sophie, who had an unforgettable winter day full of fun and friendship in the Netherlands.

# De Avonturen van Sneeuwvlokje Sam in Nederland

Op een koude winterochtend in Nederland viel er een bijzondere sneeuwvlok genaamd Sam uit de lucht. Sam was anders dan de andere sneeuwvlokken, want hij had een schitterend glinsterend hartje in het midden. Toen Sam op de grond landde, voelde hij zich een beetje alleen en verloren.

Maar Sam was vastbesloten om avonturen te beleven in het betoverende Nederlandse winterlandschap. Hij begon zijn reis door de besneeuwde straten en ontdekte al snel een groepje kinderen dat bezig was met het bouwen van sneeuwforten.

Sam wilde graag meedoen, dus hij dwarrelde naar beneden en landde zachtjes op een van de muren van het sneeuwfort. De kinderen keken met verwondering naar het glinsterende hartje van Sam en begroetten hem met een glimlach. Ze noemden hem "Sneeuwvlokje Sam."

Sam hielp de kinderen met het bouwen van het meest prachtige sneeuwfort ooit. Ze giechelden en speelden in de sneeuw, terwijl ze zich beschermd voelden achter de muren van hun fort.

Na een tijdje besloot Sam verder te trekken. Hij dwarrelde over een bevroren meer en zag een groepje schaatsers die rondjes draaiden op het ijs. Sam wilde ook schaatsen, dus hij landde op het ijs en begon met zijn glinsterende hartje de mooiste figuren te tekenen terwijl hij rondgleed.

De schaatsers juichten en klapten voor Sneeuwvlokje Sam, en ze vroegen hem om met hen mee te schaatsen. Sam genoot van elke seconde op het ijs, en hij voelde zich helemaal thuis tussen de lachende mensen.

Toen de avond viel en de sterren aan de hemel begonnen te fonkelen, besloot Sam afscheid te nemen van zijn nieuwe vrienden. Hij dwarrelde omhoog in de lucht en liet zich door de wind meevoeren.

Sam vloog hoog boven Nederland en zag de prachtige winterlandschappen en de gezellige huizen met warme lichten binnenin. Hij wist dat hij altijd deel zou uitmaken van de magie van de winter in Nederland.

En zo eindigde het verhaal van Sneeuwvlokje Sam, de bijzondere sneeuwvlok met een glinsterend hartje, die avonturen beleefde en vriendschappen sloot in het betoverende Nederlandse winterlandschap.

# The Adventures of Snowflake Sam in the Netherlands

On a cold winter morning in the Netherlands, a special snowflake named Sam fell from the sky. Sam was different from the other snowflakes because he had a sparkling heart in the middle. When Sam landed on the ground, he felt a little lonely and lost.

But Sam was determined to have adventures in the enchanting Dutch winter landscape. He began his journey through the snowy streets and quickly discovered a group of children building snow forts.

Sam wanted to join in, so he drifted down and gently landed on one of the walls of the snow fort. The children looked at Sam with wonder and greeted him with a smile. They called him "Snowflake Sam."

Sam helped the children build the most beautiful snow fort ever. They giggled and played in the snow, feeling protected behind the walls of their fort.

After a while, Sam decided to move on. He drifted over a frozen lake and saw a group of skaters spinning around on the ice. Sam wanted to skate too, so he landed on the ice and began drawing the most beautiful figures with his sparkling heart as he glided around.

The skaters cheered and applauded Snowflake Sam, and they asked him to skate with them. Sam enjoyed every second on the ice, and he felt right at home among the smiling people.

When the evening fell and the stars began to twinkle in the sky, Sam decided to say goodbye to his new friends. He drifted up into the sky and let the wind carry him away.

Sam flew high above the Netherlands and saw the beautiful winter landscapes and the cozy houses with warm lights inside. He knew that he would always be a part of the magic of winter in the Netherlands.

And so ended the story of Snowflake Sam, the special snowflake with a sparkling heart, who had adventures and made friends in the enchanting Dutch winter landscape.

# Het Magische Winteravontuur van Fenna en Pepijn

Het was een ijzige winterdag in Nederland. De straten waren bedekt met een dikke laag sneeuw, en de bomen glinsterden in de zon. Fenna en Pepijn, twee beste vrienden, keken uit het raam en konden niet wachten om naar buiten te gaan en plezier te maken in de sneeuw.

Fenna en Pepijn hadden allebei hun warme jassen, mutsen en wanten aangetrokken. Ze renden naar buiten en begonnen meteen sneeuwballen naar elkaar te gooien. Het was een vrolijk sneeuwgevecht waarbij gelach en gegiechel door de lucht klonken.

Na het sneeuwballengevecht besloten Fenna en Pepijn een sneeuwpop te maken. Ze rolden sneeuwballen en stapelden ze op elkaar totdat ze een prachtige sneeuwman hadden gemaakt met knopen als ogen en een wortel als neus. Ze noemden hem "Sneeuwvriendje."

Terwijl ze bezig waren met hun sneeuwpop, hoorden Fenna en Pepijn een zacht rinkelen. Ze keken om zich heen en zagen een groepje vogels die in de bomen zaten. De vogels zongen vrolijk en leken de vrienden aan te moedigen om door te gaan met hun winteravonturen.

Fenna en Pepijn besloten een slee te maken van hout en touw. Ze vonden een heuvel in de buurt en gleden naar beneden, met de wind in hun haren en lachend van plezier. Het was alsof ze over de witte golven van de oceaan surften.

Terwijl de zon onderging en de lucht roze en oranje kleurde, gingen Fenna en Pepijn terug naar huis. Ze dronken warme chocolademelk bij de open haard en lachten om de avonturen die ze hadden beleefd.

Die nacht vielen Fenna en Pepijn in slaap met een glimlach op hun gezichten, dromend van nog meer winteravonturen in het mooie Nederland.

En zo eindigde het verhaal van Fenna en Pepijn, die een magische winterdag hadden beleefd vol plezier en vriendschap in Nederland.

# Fenna and Pepijn's Magical Winter Adventure

It was a chilly winter day in the Netherlands. The streets were covered with a thick layer of snow, and the trees glistened in the sun. Fenna and Pepijn, two best friends, looked out the window and couldn't wait to go outside and have fun in the snow.

Fenna and Pepijn had both put on their warm coats, hats, and mittens. They ran outside and immediately began throwing snowballs at each other. It was a joyful snowball fight, with laughter and giggles filling the air.

After the snowball fight, Fenna and Pepijn decided to build a snowman. They rolled snowballs and stacked them on top of each other until they had created a beautiful snowman with buttons for eyes and a carrot for a nose. They named him "Snow Buddy."

While they were busy with their snowman, Fenna and Pepijn heard a soft jingling sound. They looked around and saw a group of birds sitting in the trees. The birds were singing cheerfully and seemed to be encouraging the friends to continue their winter adventures.

Fenna and Pepijn decided to make a sled from wood and rope. They found a hill nearby and glided down it, with the wind in their hair and smiles of joy on their faces. It was as if they were surfing over the white waves of the ocean.

As the sun set and the sky turned pink and orange, Fenna and Pepijn returned home. They drank hot chocolate by the fireplace and laughed about the adventures they had experienced.

That night, Fenna and Pepijn fell asleep with smiles on their faces, dreaming of even more winter adventures in the beautiful Netherlands.

And so ended the story of Fenna and Pepijn, who had a magical winter day filled with fun and friendship in the Netherlands.

# Het Winterwonder van Nina en Max

Op een heldere winterochtend in Nederland werden Nina en Max wakker en zagen dat de wereld buiten bedekt was met een glinsterende laag sneeuw. Ze sprongen uit bed en renden naar het raam, vol opwinding over de magie van de winter.

Nina en Max trokken hun warmste jassen aan, deden hun sjaals strak om, en zetten hun knusse mutsen op. Daarna haastten ze zich naar buiten, gewapend met handschoenen om sneeuwballen te maken.

Ze begonnen met het bouwen van een reusachtige sneeuwpop in de voortuin. Met hun kleine handen vormden ze een glimlach op het gezicht van de sneeuwman en gaven hem steentjes als ogen. Ze noemden hem "Sneeuwpipo."

Terwijl ze bezig waren met hun sneeuwpop, hoorden ze een zacht geritsel in de struiken. Uit de bosjes kwam een vriendelijke vos tevoorschijn. Hij heette Vosje Victor en wilde graag met hen spelen. Nina, Max en Vosje Victor begonnen een spannend sneeuwballengevecht dat de hele ochtend duurde.

Na het gevecht besloten ze een sleetocht te maken naar het bevroren meer in de buurt. Ze konden niet wachten om de gladde ijsbaan op te gaan en rond te draaien. Vosje Victor sprong op de slee en gaf hen een duwtje, waarna ze over het ijs vlogen.

Toen de zon langzaam achter de horizon zakte, namen ze afscheid van het meer en begonnen ze aan hun terugtocht naar huis. De lucht kleurde in prachtige tinten roze en paars, en de sterren begonnen te fonkelen.

Bij de open haard in hun gezellige huisje dronken ze warme chocolademelk en deelden ze hun avonturen met hun ouders. Nina, Max en Vosje Victor voelden zich gelukkiger dan ooit tevoren.

Die nacht vielen ze in slaap met een glimlach op hun gezichten, wetende dat ze samen het ultieme winterwonder hadden beleefd in het mooie Nederland.

En zo eindigde het verhaal van Nina en Max, die een onvergetelijke winterdag deelden met hun nieuwe vriend Vosje Victor en de magische betovering van de Nederlandse winter ontdekten.

# Nina and Max's Winter Wonderland

On a crisp winter morning in the Netherlands, Nina and Max woke up to see that the world outside was covered in a sparkling layer of snow. They jumped out of bed and rushed to the window, full of excitement about the magic of winter.

Nina and Max put on their warmest coats, wrapped their scarves snugly around their necks, and donned their cozy hats. Then they hurried outside, armed with gloves to make snowballs.

They began building a giant snowman in the front yard. With their little hands, they formed a smile on the snowman's face and used pebbles for its eyes. They named him "Snowy."

While they were busy with their snowman, they heard a soft rustling in the bushes. Emerging from the bushes was a friendly fox. He introduced himself as Victor the Fox and wanted to play with them. Nina, Max, and Victor the Fox engaged in an exciting snowball fight that lasted all morning.

After the battle, they decided to go sledding at the frozen lake nearby. They couldn't wait to hit the smooth ice and twirl around. Victor the Fox hopped on the sled and gave them a push, sending them gliding over the ice.

As the sun slowly dipped below the horizon, they bid farewell to the lake and began their journey back home. The sky was painted in beautiful shades of pink and purple, and the stars began to twinkle.

By the fireplace in their cozy cottage, they sipped hot chocolate and shared their adventures with their parents. Nina, Max, and Victor the Fox felt happier than ever before.

That night, they fell asleep with smiles on their faces, knowing that together they had experienced the ultimate winter wonder in beautiful Netherlands.

And so ended the story of Nina and Max, who shared an unforgettable winter day with their new friend Victor the Fox and discovered the magical enchantment of the Dutch winter.

# De Avonturen van Sneeuwvlokje Sara in Nederland

Op een koude winterochtend in Nederland, terwijl de straten bedekt waren met een dikke laag sneeuw, gebeurde er iets bijzonders. Een kleine sneeuwvlok genaamd Sara viel uit de lucht en landde zachtjes op het vensterbank van een gezellig huis.

Binnen in dat huis was Emma, een meisje dat dol was op de winter. Ze keek naar buiten en zag de glinsterende sneeuwvlok op haar vensterbank liggen. Voorzichtig opende ze het raam en nodigde ze Sara binnen.

Sara bleek geen gewone sneeuwvlok te zijn. Ze kwam tot leven en kon praten! Ze had kleine oogjes die schitterden als diamanten en vleugeltjes waarmee ze kon zweven. Emma was verbaasd en blij met haar nieuwe vriendinnetje.

Samen begonnen Emma en Sara aan een magisch avontuur in de Nederlandse winter. Ze bouwden sneeuwforten en hielden spannende sneeuwballengevechten. Ze maakten sneeuwengelen op hun rug en gleden van heuvels af op hun sleeën.

Op een dag besloten ze het bevroren meer te verkennen. Terwijl ze over het glinsterende ijs schaatsten, zagen ze vissen onder het ijs zwemmen en vrolijke eenden op zoek naar eten. Sara vertelde Emma over de schoonheid van de natuur, zelfs in de koudste maanden.

's Avonds, toen de sterren aan de hemel fonkelden, bracht Sara Emma terug naar haar huis. Ze beloofden elkaar om altijd vrienden te blijven, ongeacht het seizoen.

Emma ging naar bed met een gelukzalig gevoel en droomde van meer winteravonturen met haar speciale vriendin, Sneeuwvlokje Sara.

En zo eindigde het verhaal van Emma en Sara, die de betoverende winter in Nederland verkenden en ontdekten dat vriendschap de ware schat is, zelfs in de koudste dagen.

# The Adventures of Snowflake Sara in the Netherlands

On a cold winter morning in the Netherlands, as the streets were covered in a thick layer of snow, something extraordinary happened. A small snowflake named Sara fell from the sky and gently landed on the windowsill of a cozy house.

Inside that house was Emma, a girl who adored winter. She looked outside and saw the glistening snowflake resting on her windowsill. Carefully, she opened the window and invited Sara inside.

Sara turned out to be no ordinary snowflake. She came to life and could talk! She had tiny eyes that sparkled like diamonds and little wings that allowed her to float. Emma was amazed and delighted to have a new friend.

Together, Emma and Sara embarked on a magical adventure in the Dutch winter. They built snow forts and engaged in thrilling snowball fights. They made snow angels on their backs and slid down hills on their sleds.

One day, they decided to explore the frozen lake. As they ice-skated over the glistening ice, they saw fish swimming beneath the frozen surface and cheerful ducks searching for food. Sara told Emma about the beauty of nature, even in the coldest months.

In the evening, as the stars twinkled in the sky, Sara brought Emma back to her home. They promised to remain friends forever, regardless of the season.

Emma went to bed with a blissful feeling, dreaming of more winter adventures with her special friend, Snowflake Sara.

And so ended the story of Emma and Sara, who explored the enchanting winter in the Netherlands and discovered that friendship is the true treasure, even in the coldest days.

# De Magische Reis van Wouter en de Sneeuwpop

Op een ijskoude winterochtend in Nederland, werd Wouter wakker en keek uit het raam. De wereld buiten was bedekt met een dikke laag sneeuw, en de bomen stonden er als bevroren sprookjesfiguren bij. Wouter glimlachte van oor tot oor, want hij wist dat het een dag vol avontuur zou worden.

Wouter kleedde zich snel aan met zijn warmste kleren, pakte zijn wanten en haastte zich naar buiten. Zijn adem kwam in kleine wolkjes tevoorschijn terwijl hij de straat overstak naar het park. Daar begon hij met het bouwen van een prachtige sneeuwpop.

Hij maakte een grote sneeuwbal voor het lichaam, een kleinere voor het hoofd en gebruikte takken voor de armen. Twee kooltjes dienden als ogen en een wortel als neus. Voor de finishing touch zette hij zijn eigen sjaal om de sneeuwpop en noemde hem "Sneeuwvriendje."

Maar toen gebeurde er iets wonderbaarlijks. Terwijl Wouter bezig was, zag hij een fonkelende sneeuwvlok naar beneden dwarrelen en zachtjes op de neus van de sneeuwpop landen. De sneeuwpop begon te leven!

"Sneeuwvriendje, ik ben Wouter," zei hij, en tot zijn verbazing begon de sneeuwpop te glimlachen en te knikken.

"Sneeuwvriendje, laten we samen een avontuur beleven!" riep Wouter enthousiast.

De sneeuwpop knikte opgewonden, en samen begonnen ze aan een magische reis door het winterlandschap van Nederland. Ze gleed van de hoogste heuvels op haar buik en sprong in stapels sneeuw. Ze kwamen een groepje konijntjes tegen die hen leidden naar een betoverend ijspaleis in het midden van het bos.

In het ijspaleis ontmoetten ze de IJsprinses, een gracieuze vrouw met een kroon van ijs. Ze vertelde hen over de schoonheid van de winter en gaf hen een magische sleutel die hen zou helpen om altijd de betovering van de winter te ervaren.

Met de sleutel keerden Wouter en Sneeuwvriendje terug naar huis, waar ze veilig werden teruggebracht naar hun eigen achtertuin.

Die nacht lag Wouter in bed, dromend van de magische reis die hij met Sneeuwvriendje had gemaakt. Hij wist dat de winter in Nederland de meest betoverende tijd van het jaar was, en hij zou voor altijd koesteren wat hij had geleerd.

En zo eindigde het verhaal van Wouter en Sneeuwvriendje, die samen een magische reis maakten en de ware betekenis van vriendschap ontdekten in het winterwonderland van Nederland.

# Wouter and the Snowman's Magical Journey

On a bitterly cold winter morning in the Netherlands, Wouter woke up and peered out of his window. The world outside was blanketed in a thick layer of snow, and the trees stood like frozen fairytale figures. Wouter smiled from ear to ear because he knew it was going to be a day filled with adventure.

Wouter quickly bundled up in his warmest clothes, grabbed his mittens, and rushed outside. His breath came out in little puffs as he crossed the street to the park. There, he began building a beautiful snowman.

He made a large snowball for the body, a smaller one for the head, and used branches for the arms. Two pieces of coal served as the eyes, and a carrot was the nose. For the finishing touch, he wrapped his own scarf around the snowman and named him "Snowy Friend."

But then something magical happened. While Wouter was working, he saw a sparkling snowflake drifting down and gently landing on the snowman's nose. The snowman came to life!

"Snowy Friend, I'm Wouter," he said, and to his amazement, the snowman smiled and nodded.

"Snowy Friend, let's have an adventure together!" exclaimed Wouter excitedly.

The snowman nodded eagerly, and together they embarked on a magical journey through the winter landscape of the Netherlands. They slid down the tallest hills on their bellies and leaped into piles of snow. They encountered a group of rabbits who led them to an enchanting ice palace in the heart of the forest.

In the ice palace, they met the Ice Princess, a graceful woman with a crown made of ice. She told them about the beauty of winter and gave them a magical key that would help them forever experience the enchantment of winter.

With the key, Wouter and Snowy Friend returned home, safely brought back to their own backyard.

That night, Wouter lay in bed, dreaming of the magical journey he had taken with Snowy Friend. He knew that winter in the Netherlands was the most enchanting time of the year, and he would forever cherish what he had learned.

And so ended the story of Wouter and Snowy Friend, who embarked on a magical journey together and discovered the true meaning of friendship in the winter wonderland of the Netherlands.

# De Sneeuwvrienden: Een Winteravontuur in Nederland

Op een koude winterdag in Nederland stond een groepje vrienden genaamd Sophie, Lars en Emma in hun warme winterjassen voor hun huis. De straten waren bedekt met een glinsterende laag sneeuw, en de lucht was fris en helder. De kinderen glimlachten van oor tot oor, want ze wisten dat het tijd was voor een spannend winteravontuur.

Sophie stelde voor om een sneeuwpop te maken, en de anderen waren het er meteen mee eens. Ze begonnen met het rollen van grote sneeuwballen en stapelden ze op elkaar om de sneeuwpop te vormen. Het was een geweldige sneeuwpop met takken als armen, kolen als ogen en een oude sjaal om zijn nek.

Maar toen ze klaar waren, merkten ze iets vreemds op. De sneeuwpop begon te bewegen! Hij sprong op en begon te dansen in de sneeuw. De kinderen keken met grote ogen toe en wisten niet wat ze zagen.

De sneeuwpop stelde zich voor als Wouter de Wintergeest. Hij vertelde de kinderen dat hij de magische kracht van de winter belichaamde en hen wilde laten zien hoe bijzonder de winter in Nederland kon zijn.

Samen met Wouter de Wintergeest begonnen Sophie, Lars en Emma aan een magische reis door het Nederlandse winterlandschap. Ze gleden van bevroren heuvels op hun sleeën, bouwden iglo's en maakten sneeuwengelen in de glinsterende sneeuw.

Onderweg ontmoetten ze dieren die zich hadden aangepast aan de winter, zoals schattige egels en nieuwsgierige eekhoorns. Ze leerden hoe belangrijk het was om voor de natuur te zorgen, zelfs in de koude maanden.

Terug bij hun huis dankten Sophie, Lars en Emma Wouter de Wintergeest voor het onvergetelijke avontuur. Ze beloofden altijd de schoonheid van de winter te koesteren en goed voor de natuur te zorgen.

Die nacht gingen de kinderen naar bed met glimlachende gezichten, wetende dat ze iets bijzonders hadden meegemaakt. En terwijl ze droomden van nieuwe winteravonturen, dwarrelden de sneeuwvlokken zachtjes buiten hun raam naar beneden.

En zo eindigde het verhaal van "De Sneeuwvrienden," die een onvergetelijk winteravontuur beleefden en ontdekten dat de winter in Nederland vol magie en verrassingen zat.

# The Snow Friends: A Winter Adventure in the Netherlands

On a cold winter day in the Netherlands, a group of friends named Sophie, Lars, and Emma stood in their warm winter coats in front of their house. The streets were covered with a glistening layer of snow, and the air was fresh and clear. The children smiled from ear to ear because they knew it was time for an exciting winter adventure.

Sophie suggested making a snowman, and the others immediately agreed. They began rolling large snowballs and stacked them to form the snowman. It was a magnificent snowman with branches for arms, coal for eyes, and an old scarf around its neck.

But when they were done, they noticed something strange. The snowman started to move! It jumped up and began dancing in the snow. The children watched in astonishment, not believing their eyes.

The snowman introduced itself as Walter the Winter Spirit. He told the children that he embodied the magical power of winter and wanted to show them how special winter in the Netherlands could be.

Together with Walter the Winter Spirit, Sophie, Lars, and Emma embarked on a magical journey through the Dutch winter landscape. They slid down frozen hills on their sleds, built igloos, and made snow angels in the sparkling snow.

Along the way, they encountered animals that had adapted to winter, such as adorable hedgehogs and curious squirrels. They learned how important it was to take care of nature, even in the cold months.

Back at their home, Sophie, Lars, and Emma thanked Walter the Winter Spirit for the unforgettable adventure. They promised to always cherish the beauty of winter and to take good care of nature.

That night, the children went to bed with smiling faces, knowing they had experienced something extraordinary. And as they dreamed of new winter adventures, snowflakes gently fell outside their window.

And so ended the story of "The Snow Friends," who had an unforgettable winter adventure and discovered that winter in the Netherlands was full of magic and surprises.

# Het Magische Winteravontuur van Anna en Lars

Op een koude winterochtend in Nederland werden Anna en Lars wakker en keken naar buiten. Ze zagen een betoverend landschap bedekt met een dikke laag sneeuw. De bomen waren als witte toverstokken die glinsterden in de zon. Anna en Lars konden niet wachten om naar buiten te gaan en plezier te maken in de winterpracht.

Anna en Lars trokken hun warmste jassen aan, zetten hun knusse mutsen op en gleden in hun dikke wanten. Hand in hand stapten ze de besneeuwde wereld in. Ze begonnen met het bouwen van een sneeuwfort met hoge muren en torens.

Terwijl ze aan hun fort werkten, hoorden Anna en Lars een zacht geluid. Het was een groepje roodborstjes dat vrolijk zong vanaf een tak van een besneeuwde boom. De vogels leken de kinderen aan te moedigen om door te gaan met hun winteravonturen.

Na het bouwen van het fort begonnen Anna en Lars een sneeuwballengevecht. Ze lachten en gooiden sneeuwballen naar elkaar, terwijl de roodborstjes vanuit de bomen toekeken. Het was een vrolijke strijd die de hele ochtend duurde.

Toen de zon begon te zakken, bouwden Anna en Lars een schattige sneeuwpop. Ze gaven hem een glimlach en gebruikten twee bessen als ogen. Ze noemden hem "Sneeuwvriendje."

De lucht kleurde oranje en paars terwijl de zon onderging, en Anna en Lars wisten dat het tijd was om naar huis te gaan. Ze liepen hand in hand terug naar hun gezellige huisje en dronken warme chocolademelk bij de open haard.

Die nacht vielen Anna en Lars in slaap met dromen over nog meer winteravonturen in Nederland. Ze wisten dat de magie van de winter altijd op hen wachtte, klaar om ontdekt te worden.

En zo eindigde het verhaal van Anna en Lars, die een betoverend winteravontuur hadden beleefd in Nederland, vol sneeuwpret en vriendschap.

# Anna and Lars' Magical Winter Adventure

On a cold winter morning in the Netherlands, Anna and Lars woke up and looked outside. They saw an enchanting landscape covered with a thick layer of snow. The trees were like white wands glistening in the sun. Anna and Lars couldn't wait to go outside and have fun in the winter wonderland.

Anna and Lars put on their warmest coats, donned their cozy hats, and slid into their thick mittens. Hand in hand, they ventured into the snowy world. They began building a snow fortress with tall walls and towers.

While they worked on their fortress, Anna and Lars heard a soft sound. It was a group of robins singing cheerfully from a branch of a snow-covered tree. The birds seemed to encourage the children to continue with their winter adventures.

After building the fortress, Anna and Lars started a snowball fight. They laughed and threw snowballs at each other while the robins watched from the trees. It was a joyful battle that lasted the entire morning.

As the sun began to set, Anna and Lars built an adorable snowman. They gave him a smile and used two berries as eyes. They named him "Snowy Friend."

The sky turned orange and purple as the sun went down, and Anna and Lars knew it was time to go home. Hand in hand, they walked back to their cozy cottage and enjoyed hot chocolate by the fireplace.

That night, Anna and Lars fell asleep with dreams of more winter adventures in the Netherlands. They knew that the magic of winter was always waiting for them, ready to be discovered.

And so ended the story of Anna and Lars, who had experienced an enchanting winter adventure in the Netherlands, full of snow fun and friendship.

# De Avonturen van Isa en Tom in de Nederlandse Winter

Op een koude winterochtend in Nederland werden Isa en Tom wakker en keken uit het raam. Ze zagen een prachtige wereld bedekt met een dikke laag sneeuw. De bomen waren als bevroren kunstwerken, en de straten glinsterden in het zachte zonlicht. Isa en Tom konden niet wachten om naar buiten te gaan en de magie van de winter te ontdekken.

Isa en Tom trokken hun warmste jassen aan, zetten hun knusse mutsen op en trokken hun handschoenen aan. Ze stapten de besneeuwde tuin in en begonnen met het maken van een sneeuwpop. Ze rolden grote sneeuwballen en stapelden ze op elkaar, terwijl ze zich verbaasden over hoeveel sneeuw er was gevallen.

Terwijl ze aan hun sneeuwpop werkten, hoorden Isa en Tom een vrolijk getjilp in de buurt. Ze keken omhoog en zagen een groepje kleurrijke vogels die rondfladderden. De vogels leken hen aan te moedigen om door te gaan met hun winteravonturen.

Na het voltooien van hun sneeuwpop, besloten Isa en Tom een sneeuwballengevecht te houden. Ze lachten en gooiden sneeuwballen naar elkaar, terwijl de vogels vanaf de takken toekeken. Het was een opgewekte strijd die de hele ochtend duurde.

Toen de zon langzaam achter de huizen zakte, begonnen Isa en Tom het bos aan de rand van hun tuin te verkennen. Ze ontdekten een betoverend winterwonderland, waar de bomen zware takken hadden vanwege de dikke laag sneeuw en de vijver was bevroren als een spiegel.

Isa en Tom maakten een ijsbaan op de bevroren vijver en begonnen te schaatsen. Ze draaiden rondjes en lachten terwijl ze zich voelden als de koning en koningin van hun winterrijk.

Toen de sterren aan de hemel begonnen te fonkelen, keerde het duo terug naar huis, met rode wangen van de kou maar vol gelukkige herinneringen aan hun winteravontuur.

Die nacht vielen Isa en Tom in slaap, wetende dat ze de magie van de winter hadden ontdekt in hun eigen achtertuin en dat er nog veel meer avonturen zouden komen in het prachtige Nederlandse winterlandschap.

# Isa and Tom's Adventures in the Dutch Winter

On a cold winter morning in the Netherlands, Isa and Tom woke up and looked out the window. They saw a beautiful world covered with a thick layer of snow. The trees were like frozen artworks, and the streets sparkled in the soft sunlight. Isa and Tom couldn't wait to go outside and discover the magic of winter.

Isa and Tom put on their warmest coats, donned their cozy hats, and slipped on their gloves. They stepped into the snow-covered garden and began making a snowman. They rolled large snowballs and stacked them on top of each other, marveling at how much snow had fallen.

While they worked on their snowman, Isa and Tom heard cheerful chirping nearby. They looked up and saw a group of colorful birds fluttering around. The birds seemed to encourage them to continue with their winter adventures.

After completing their snowman, Isa and Tom decided to have a snowball fight. They laughed and threw snowballs at each other while the birds watched from the branches. It was a lively battle that lasted the entire morning.

As the sun slowly set behind the houses, Isa and Tom began to explore the forest at the edge of their garden. They discovered an enchanting winter wonderland, where the trees had heavy branches due to the thick layer of snow, and the pond was frozen like a mirror.

Isa and Tom created an ice rink on the frozen pond and started to skate. They twirled and laughed, feeling like the king and queen of their winter realm.

When the stars began to twinkle in the sky, the duo returned home, with rosy cheeks from the cold but filled with happy memories of their winter adventure.

That night, Isa and Tom fell asleep, knowing that they had discovered the magic of winter in their own backyard and that many more adventures awaited them in the beautiful Dutch winter landscape.

# De Winteravonturen van Sem en Lotte

Op een heldere winterochtend in Nederland werden Sem en Lotte vroeg wakker. Ze sprongen meteen uit bed en renden naar het raam. Buiten was de wereld bedekt met een dikke laag sneeuw, en de zon glinsterde op de bevroren bomen. De kinderen konden niet wachten om hun winteravonturen te beginnen.

Sem en Lotte trokken hun warmste kleren aan, trokken hun sjaals strak om en zetten hun mutsen op. Ze haastten zich naar buiten, gewapend met hun slee en een mand vol lekkernijen.

Ze begonnen met een ritje op hun slee door de besneeuwde straten. Het was een magisch gevoel om door de witte wereld te glijden, met de wind in hun gezichten en lachend van plezier.

Na hun ritje stopten ze bij het bevroren meer aan de rand van het dorp. Ze bonden hun schaatsen aan en gleden over het glinsterende ijs. Ze dansten en draaiden, en hun vrolijke gelach vulde de lucht.

Halverwege de dag zochten ze een knus plekje in het bos en genoten van warme chocolademelk en zelfgebakken koekjes. Terwijl ze daar zaten, hoorden ze zacht gekraak in de struiken. Het was een nieuwsgierige eekhoorn die langskwam om gedag te zeggen.

Sem en Lotte deelden hun lekkernijen met de eekhoorn en vertelden hem over hun winteravonturen. De eekhoorn luisterde aandachtig en knikte alsof hij begreep.

Toen de zon begon onder te gaan, keerden Sem en Lotte huiswaarts. Ze waren moe maar gelukkig en wisten dat ze nog veel meer winterdagen zouden hebben om van te genieten.

Die avond, terwijl ze zich in hun warme bedjes nestelden, droomden Sem en Lotte van de volgende dag vol nieuwe avonturen in de betoverende Nederlandse winter.

En zo eindigde het verhaal van "De Winteravonturen van Sem en Lotte," die de schoonheid en vreugde van de winter in Nederland ontdekten en deel uitmaakten van de betovering van het seizoen.

# The Winter Adventures of Sem and Lotte

On a crisp winter morning in the Netherlands, Sem and Lotte woke up early. They jumped out of bed and rushed to the window. Outside, the world was covered in a thick blanket of snow, and the sun glistened on the frozen trees. The children couldn't wait to begin their winter adventures.

Sem and Lotte put on their warmest clothes, wrapped their scarves tightly around their necks, and donned their hats. They hurried outside, armed with their sled and a basket of goodies.

They started with a ride on their sled through the snow-covered streets. It was a magical feeling, gliding through the white world, with the wind in their faces and laughter in the air.

After their ride, they stopped at the frozen lake at the edge of the village. They strapped on their ice skates and glided over the glistening ice. They danced and twirled, their joyful laughter filling the air.

Midday, they found a cozy spot in the woods and enjoyed hot chocolate and freshly baked cookies. While they sat there, they heard a soft rustling in the bushes. It was a curious squirrel who came by to say hello.

Sem and Lotte shared their treats with the squirrel and told him about their winter adventures. The squirrel listened attentively and nodded as if he understood.

As the sun began to set, Sem and Lotte headed back home. They were tired but happy, knowing they would have many more winter days to enjoy.

That evening, as they nestled in their warm beds, Sem and Lotte dreamed of the next day filled with new adventures in the enchanting Dutch winter.

And so ended the story of "The Winter Adventures of Sem and Lotte," who discovered the beauty and joy of winter in the Netherlands and became part of the enchantment of the season.

# De Betoverende Winterreis van Sofie en Daan

Op een ijskoude winterochtend in Nederland werd Sofie wakker en staarde naar buiten. Ze zag een wereld bedekt met een dikke laag glinsterende sneeuw. De bomen waren als bevroren standbeelden, en de straten lagen er stil bij. Sofie kon haar opwinding niet bedwingen, want ze wist dat dit het begin was van een onvergetelijke dag.

Ze trok haar warmste winterjas aan, zette haar fleurige muts op en haalde haar sleetje tevoorschijn. Net toen ze naar buiten wilde rennen, hoorde ze een zachte bons aan haar raam. Het was Daan, haar beste vriend, met een glimlach van oor tot oor.

Samen renden Sofie en Daan naar buiten, hun voetstappen knisperend in de verse sneeuw. Ze bouwden een sneeuwpop met takken voor armen en kolen voor ogen, en noemden hem "Sneeuwvriend."

Daarna trokken ze hun schaatsen aan en gleden naar het bevroren meer in de buurt. Het ijs was glad en glinsterend, en ze schaatsten hand in hand, lachend en zingend terwijl ze pirouettes maakten.

Toen de middag naderde, besloten Sofie en Daan een avontuurlijk bos te verkennen. Ze volgden sporen in de sneeuw en ontdekten een familie schattige konijntjes die aan het spelen waren. Ze besloten de konijntjes te voeden met wortels en genoten van het gezelschap van de dieren.

Na een dag vol plezier keerden ze terug naar huis, waar ze zich opwarmden bij de open haard met warme chocolademelk en marshmallows. Ze vertelden verhalen over hun avonturen en keken naar de vlammen die dansten in de haard.

Toen het tijd was om te gaan slapen, lagen Sofie en Daan in hun bedden, moe maar gelukkig. Ze wisten dat de winter in Nederland vol betovering en avonturen was, en ze waren vastbesloten om er nog veel meer te beleven.

En zo eindigde het verhaal van "De Betoverende Winterreis van Sofie en Daan," twee vrienden die de schoonheid van de winter in Nederland ontdekten en de waarde van vriendschap vierden tijdens deze koude, magische dagen.

# The Enchanting Winter Journey of Sofie and Daan

On a bitterly cold winter morning in the Netherlands, Sofie woke up and gazed outside. She saw a world covered in a thick layer of glistening snow. The trees stood like frozen statues, and the streets were quiet. Sofie couldn't contain her excitement because she knew this was the beginning of an unforgettable day.

She put on her warmest winter coat, donned her colorful hat, and grabbed her sled. Just as she was about to rush outside, she heard a soft tap on her window. It was Daan, her best friend, with a smile from ear to ear.

Together, Sofie and Daan dashed outside, their footsteps crunching in the fresh snow. They built a snowman with branches for arms and coal for eyes, naming him "Snowy Friend."

Next, they laced up their ice skates and glided to the frozen lake nearby. The ice was smooth and sparkling, and they skated hand in hand, laughing and singing as they twirled around.

As the afternoon approached, Sofie and Daan decided to explore an adventurous forest. They followed tracks in the snow and discovered a family of adorable rabbits playing. They decided to feed the rabbits carrots and enjoyed the company of the animals.

After a day filled with fun, they returned home, where they warmed up by the fireplace with hot chocolate and marshmallows. They shared stories of their adventures and watched the flames dance in the hearth.

When it was time to sleep, Sofie and Daan lay in their beds, tired but happy. They knew that winter in the Netherlands was full of enchantment and adventures, and they were determined to experience many more.

And so ended the story of "The Enchanting Winter Journey of Sofie and Daan," two friends who discovered the beauty of winter in the Netherlands and celebrated the value of friendship during these cold, magical days.

www.ingramcontent.com/pod-product-compliance
Lightning Source LLC
Chambersburg PA
CBHW061408140726

47997CB00003B/1420